AF563173

NOTICE HISTORIQUE ET BIOGRAPHIQUE

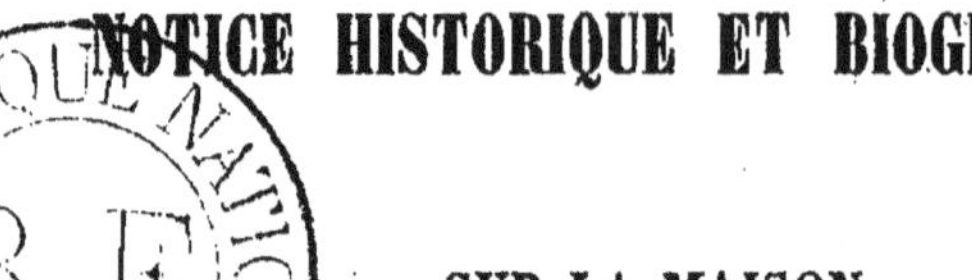

SUR LA MAISON

DE MORETON DE CHABRILLAN.

1850

LE BARON DE MORETON DE CHABRILLAN

(Benoit-Marie),

Maréchal-de-camp, Chevalier de l'Ordre royal et militaire de Saint-Louis.

Les vieux siècles et les vieux créneaux, ce mariage des temps, cette grande voie du passé devant l'avenir, impressionnent. C'est la solidarité des faits d'armes qui rappelle les aïeux dans leur parure d'honneur.

Le château du Mein, qui appartient à la branche des Moreton de Chabrillan, est situé dans le Vivarais, sur un plateau pittoresque, en face des trois dents du mont Pila, où, selon les traditions, Pilate, exilé de la Judée dans les Gaules, vint errer et méditer sur son jugement déicide. Les trois tours de ce manoir retentirent du cri des croisés : « Dieu le veut ! » Ils lancèrent vers la Terre-Sainte une protestation armée contre la profanation du Saint-Sépulcre et envoyèrent des phalanges ferventes vaincre sur le terrain où le dernier juge du Christ avait régné.

Dans ces pèlerinages armés, les Chabrillan comptèrent des preux, et depuis, chaque génération de cette famille guerrière ajouta une palme à sa généalogie : ce sont des anneaux qui se rattachent à une longue chaîne de souvenirs.

Le château du Mein a redit des chroniques de foi religieuse et de foi monarchique. C'est là où les Moreton de Chabrillan, seigneurs du Mein et de Bruzon, ont féri avec prouesses, et rapporté dans leur salle d'armes les trophées des lices chevaleresques.

Cette résidence fut le théâtre des dissentions féodales et des guerres de religion. En 1583, le fameux de Fay vint y établir son camp, pour sommer les calvinistes d'Annonay de se rendre, et leur imposer une capitulation qui valait une défaite.

Ce fut aussi sous ces murailles que s'alignèrent les hommes d'armes qu'un Chabrillan mena combattre avec Bayard. C'est près de ce lieu, à Tournon, que naquit, le 12 octobre 1746, le baron Benoît-Marie de Moreton de Chabrillan, maréchal-de-camp, dernier seigneur de ces vieilles tourelles.

Le germe des guerres civiles fut déposé au sein de cette contrée, et de grandes figures se dessinèrent sous ces arceaux granitiques. Les forêts de pins servirent de retraite aux *Camisars*; et sous ces dais ombragés, l'esprit des fausses doctrines voulut inaugurer le progrès des ténèbres dans l'envahissement du droit des couronnes. Mais les seigneurs du Mein ne laissèrent entamer ni leurs murailles, ni leur cuirasse, ni leur conscience; ils portaient le front haut, et les ennemis passèrent tête basse sous leur bannière.

Bientôt l'ère des révolutions s'ouvrit sur la France; la noblesse fut requise de déposer ses titres; le baron de Moreton de Chabrillan n'inclina pas son écusson; il ne mit point bas les armes... il les releva.

Le 10 janvier 1792, il alla chercher la patrie sous les plis de l'étendard royal; *l'armée des princes* l'accueillit; c'était un frère d'armes. Il avait voué son épée au roi, et avait fait, le 12 octobre 1763, son apprentissage militaire dans les gardes-du-corps de Louis XVI, compagnie de Luxembourg. Puis l'armée l'avait vu porter avec honneur l'épaulette de sous-lieutenant au régiment de Royal-Lorraine-Cavalerie; il y était entré le 7 février

1768 ; il en sorti pour porter l'action de ses services plus près de la royauté.

Le bruit sourd d'un orage lointain grondait autour du trône, le baron de Chabrillan vint reprendre son poste auprès des princes ; il entra avec le grade d'exempt dans les gardes-du-corps de Monsieur, frère du roi, le 1er avril 1771, et fut un des gardes d'élite de la compagnie de Lévi ; il y reçut, en 1774, le grade de lieutenant.

Son dévouement autant que son expérience des armes l'appelèrent bientôt au rang de mestre-de-camp ; il en reçut les insignes le 2 février 1779, et le 18 octobre 1781, il fut décoré de l'ordre royal et militaire de Saint-Louis.

Le baron de Chabrillan parcourut avec honneur tous les champs de bataille de l'émigration. Il s'était distingué dans la *coalition d'Auvergne*, il se distingua aussi dans les rangs de l'armée de Condé.

Il commanda dans la cavalerie noble jusqu'à l'expédition de la Wolinie ; puis, à la tête du régiment noble d'Angoulême, il lutta avec un courage éprouvé dans toutes les actions de l'armée de Condé; cette phalange était toujours aux premières redoutes. On disait d'elle : « Que lorsqu'elle avait » pris la tâche de la victoire, elle l'achevait et ne » laissait rien faire aux grandes cohortes de la » coalition. »

Telle est la vie de Moreton de Chabrillan. Tels

sont les titres qu'il ajoute à ceux de son ancienne noblesse, titres acquis sur les champs de bataille, depuis le 15 septembre 1799 jusqu'au 23 février 1801. Il avait pris les armes volontairement, il ne les posa que quand le roi lui ordonna de les poser; laissant aux siens, dans ce tableau de services, de pureté monarchique et de chaleureux dévouement, une noble trace à suivre.

Le baron Moreton de Chabrillan, à sa rentrée en France, regagna bientôt le manoir paternel; il y trouva ses trois fils, dignes de son nom, Henri, Charles et Édouard; tous trois avaient cueilli des palmes dans la carrière des armes. Henri perpétua, dans les campagnes d'Espagne et dans les gardes-du-corps du roi, les services et les souvenirs de son père; — Charles, sous l'airain d'Eylau et de Wagram, fit redire par trois fois son nom dans les Bulletins de la grande armée; — Édouard, couvert de blessures, périt au combat de Winkowo, près Kalonga, enveloppé dans son drapeau. — C'était dire : « *Quand les ancêtres ont parlé par l'honneur, les fils tiennent ce que l'honneur engage.* »

LE BARON
DE MORETON DE CHABRILLAN [1]

(HENRI-MARIE),

Membre de l'Ordre royal et militaire de Saint-Ferdinand d'Espagne.

Il est des noms qui vont au cœur de la patrie, des caractères qui sont frappés au type d'honneur des vieilles races.

Henri de Chabrillan, plein d'abnégation, n'invoqua jamais ni son rang, ni son origine pour s'élever dans la faveur de ses princes ; il les servit... pour lui c'était tout...

Né au château de Mein, le 16 octobre 1780, la

---

(1) Cette famille a compté un de ses aïeux parmi les Croisés dans les phalanges de saint Louis. Son nom et ses armoiries figurent dans la salle des croisades du Musée de Versailles. A la bataille d'Hochsteck, en juillet 1704, trois Chabrillan périrent à la tête de leur régiment ; et à la bataille de Fontenoy, leur bravoure inspira à Voltaire ces vers, extraits de son poëme de Fontenoy :

« Guerriers, que Chabrillan avec Brancas rallie,
» Que d'anglais immolés vont payer votre vie. »

révolution de 1789 conduisit Benoît-Marie, baron de Moreton de Chabrillan, seigneur du Mein, de Bruzon, son père, hors frontière ; là, où était le roi, il retrouvait la patrie. Le baron de Moreton de Chabrillan, maréchal-de-camp, combattit dans les rangs de l'armée des princes ; et quand la confiscation s'abattit sur ses biens, il renvoya à ses fils son épée fleurdelisée ; c'était encore pour eux un héritage.

Le baron Henri de Moreton de Chabrillan porta cette épée près de Louis XVIII comme garde-du-corps ; puis il alla l'étrenner dans les combats, en Espagne, aux côtés d'un fils de France, sous le drapeau de la légitimité. Ferdinand VII, après la revue du champ de bataille, durant une excursion sous les murs de Cordoue, le 26 octobre 1823, dans une halte, choisit Henri de Chabrillan pour guide, et en allant tous deux explorer le terrain, il lui disait : « Je suis bien aise de m'appuyer sur le » bras d'un Chabrillan. »

La campagne de 1823, si mémorable, si remplie de traits de courage et de magnanimité, eut la rapidité d'une conquête de l'Empire ; mais plus heureuse, elle soumit en quelques jours une révolution et rétablit un trône. Henri de Chabrillan ne parla pas de ses faits d'armes, mais le roi d'Espagne, pour lui prouver qu'il les connaissait, le décora de l'ordre de Saint-Ferdinand.

Quand l'activité militaire fut mise au repos, la vie d'Henri de Chabrillan fut toute renfermée dans ses vieux serments; il ne reparut plus sur la scène politique ; son ancienne droiture aurait fait injure au temps de déception. Il se livra à son goût d'être utile à ses concitoyens dans le cercle de son humble clocher; il s'y trouva heureux en faisant le bien.... La gratitude pour sa sollicitude éclairée l'a fait élire maire de Saint-Cyr-en-Pail : il a exercé ces honorables fonctions pendant trente-deux ans.

Henri de Chabrillan a épousé, à Guadalaxara en Espagne, le 2 octobre 1825, Marie-Thérèse de Rodriguez, fille de don Manuel de Rodriguez, ancien alcade de Madrid, dont l'élévation du cœur sympathise avec toute l'existence de dévouement d'Henri de Chabrillan. Son foyer est devenu l'abri des infortunes de la cause royale d'Espagne. Les infants don Juan et don Ferdinand, à leur passage à Paris, comme prisonniers, en 1849, sous l'*incognito* qu'ils conservèrent pour se dérober à l'étreinte d'une citadelle, accueillirent Mme de Chabrillan; et ce fut sous cet incognito de confiance qu'elle présenta aux princes d'Espagne, Charles et Henriette, son fils et sa fille. Là, dans une simple salle de relais, la grandeur du malheur surpassa la grandeur des réceptions de l'Escurial.

La famille royale d'Espagne a su, plus tard, tout

ce qui avait été fait dans le cercle intime des Chabrillan pour alléger la captivité du prisonnier du fort Lamalgue, Cabrera, et contribuer à la délivrance de ce vétéran des armes de Charles VI (1).

Des journées bien remplies formulent la vie d'Henri de Chabrillan; il se montra toujours plus fier de ce que ses proches et ses amis avaient fait de bien que de ses jours d'honneur; il est toujours prêt à louer les autres en s'oubliant, et pourtant il pourrait avoir de l'orgueil, et pour les siens et pour lui.

La maison de Moreton de Chabrillan est une de celles dont le blason ne porte aucune barre; son berceau du Dauphiné ressortait de ces familles qu'on appelait l'*écarlate de la noblesse*. Aux croisades, il y eut des Chabrillan; à Pavie, et plus tard, à Austerlitz, à Iéna, à Eylau, à Hof, à Friedland, à Wagram, à la Moskowa et à Winkowo, près Kalonga, il y eut encore des Chabrillan. Tous portèrent le cœur haut.

Avec de tels titres, on avance dans les âges et on ne laisse derrière soi que de grands, que de nobles exemples.

---

(1) Le 15 avril 1849, Charles de Chabrillan, fils du baron Henri de Moreton de Chabrillan, a été décoré de l'ordre de Charles III d'Espagne.

LE CHEVALIER
DE MORETON DE CHABRILLAN
(CHARLES-ALEXANDRE-HENRI),

Lieutenant-Colonel d'Artillerie, Chevalier de l'Ordre royal et militaire de Saint-Louis, Officier de la Légion-d'Honneur.

Il est des noms qui sont placés haut dans l'appréciation des générations, pour vivre même après les vies que ces noms désignent. Ce sont ceux qui n'ont fait usage que de la force d'un mérite personnel, pour avancer, sans recourir à l'arsenal des vieilles armures dont ils disposent. Ces hommes qui n'ont point invoqué l'orgueil, quand ils pouvaient justifier l'orgueil, sont rares.... Ils s'ensevelissent dans leur conscience, et leur conscience va rejoindre Dieu.

Le chevalier Charles-Alexandre-Henri de Moreton de Chabrillan, ancien lieutenant-colonel d'artillerie, chevalier de plusieurs ordres, naquit au château du Mein (Ardèche), le 22 mai 1782.

La noblesse comme la royauté avait des priviléges : l'héritier des Chabrillan fut reçu chevalier de minorité de l'ordre de Malte (25 février 1783).

Le 24 septembre 1803, il entra à l'Ecole Polytechnique ; l'année suivante il en sortit, emportant pour fruit de ses travaux le grade de sous-lieutenant. Il passa à l'école d'application d'artillerie de Metz, et fut nommé, le 17 novembre 1806, lieutenant au 5e régiment de cette arme.

C'était l'époque des batailles mémorables : Iéna appelait tous les courages; la carrière militaire des vieux combattants allait encore grandir au feu. Les bras étaient dévoués et les cœurs étaient émus; ce fut dans cette lice, saisissante d'impressions et de dangers, que Charles de Chabrillan fit ses premiers pas; il sut mettre en œuvre ce que les succès de ses études avaient annoncé, il se battit comme un Chabrillan *tête haute et sans recul*, et on put dire de lui : « Ce qu'il était la veille, il le « fut le jour, il le fut le lendemain. » A Eylau, à Friedland, dans tous les combats son ardeur fut la même, elle ne se ralentit jamais. Il se signala sur le terrain de la Prusse, et sur celui de la Pologne; c'était toujours au pas de gloire qu'il marchait... il en avait pris l'habitude.

En 1809, son commandement lui valut d'être mis à l'ordre du jour, et c'était dans les bulletins de la grande armée qu'il donnait de ses nouvelles à sa famille.

Bientôt l'Autriche plia sous le pas de charge des escadrons français. Ebersberg fut l'arène où chacun vint arracher du faisceau du triomphe une palme pour son foyer. A l'arrivée de nos bataillons, les Autrichiens cernèrent la ville; au milieu du feu incessant des balles ennemies, on vit s'avancer sur le pont de la Truan un officier français, impassible et avide de défendre ce passage; c'était Charles de Chabrillan, attaché alors à la brigade du général Cohorn, de la division Claparède. Cette fois, il était seul pour commander un peloton d'honneur et conserver deux pièces de canon qui devaient frayer une route à la brigade. Le feu redouble, l'ennemi considère ses forces, et le courage de cette parcelle d'élite de la grande armée qui, par cinq bordées par minute, envoie la mort... Cette armée n'a pour ressource que de s'appuyer sur l'exemple de celui qui la commande... c'est assez pour vaincre; oui, les chefs ennemis, en voyant tant de vaillance, appréhendent la lutte, ils hésitent... 30,000 hommes font feu, ils hésitent encore à continuer... Une heure s'écoule... la voix du lieutenant de Chabrillan vibre au cœur de ses soldats... une heure s'écoule encore... le bataillon est debout, et toujours les soldats répondent aux ordres de leur commandant, qui sont de tenir en doublant la force par les coups. L'acharnement de l'ennemi, et le nombre, sont aux prises avec la bravoure.... un peloton, devant trente mille hommes!... Cependant le maréchal Oudinot paraît; il prête mainforte au détachement, les Autrichiens fuient, et le nom de Chabrillan retentit. Ce beau fait d'armes conserva la position et maintint la brigade trois heures dans la ville d'Ebersberg.

Le 16 mai 1809, l'Empereur passa une revue. Il n'oublia pas la défense du pont de la Truan et d'Ebersberg ; les trophées de son armée étaient les fleurons du manteau impérial. Il voulut en cimenter le souvenir : le jeune officier fut élevé au grade de capitaine, et en même temps il fut décoré de l'étoile de la Légion-d'Honneur. Cette double distinction, qui rarement était donnée à la fois, fit louer la justice de l'Empereur.

Au mois de juillet de la même année, dans les champs de Wagram, une balle passa sur le nouveau légionnaire et laissa sur son front un stigmate d'honneur. Le général Gassindi, qui avait apprécié le capitaine Moreton de Chabrillan, l'envoya, le 14 avril 1810, à Vincennes, pour chercher une combinaison qui pût accroître la portée des fusées à la congrève ; les expériences de cet officier lui donnèrent de nouveaux titres.

L'Empereur voulant honorer l'artillerie, demanda pour aide-de-camp un capitaine : Moreton de Chabrillan fut un des candidats ; le général Gourgaud fut l'élu.

Chabrillan persista dans ses explorations. Le succès qu'il avait eu à Vincennes lui fit donner la même tâche pour Toulon. Il avança le progrès de l'art, et la France put lutter de supériorité avec la Grande-Bretagne.

Peu après, le gouvernement pensa à appliquer les connaissances stratégiques de l'officier d'artillerie de Vincennes et de Toulon ; il lui importait de faire mesurer les grands travaux des lignes de la mer Noire, et le 14 mai 1812, cet officier fut attaché à l'ambassade du général Andréossi, à Constantinople.

Il avait dans ses instructions la mission de diriger les opérations de l'armée turque contre la Russie ; elles ne furent point stériles. Ses plans, ses méditations, entrèrent dans les combinaisons savantes d'Andréossi, un des plus habiles tacticiens de l'armée. Plus tard, le travail du jeune officier, sur le nivellement des rives du Bosphore de Thrace, à l'île des Princes, fut déposé au ministère de la guerre ; il est encore consulté

Pendant ce temps, l'Europe, soulevée contre la France, fit trêve aux guerres partielles ; la paix fut conclue entre la Porte et la Russie ; toutes les armes refluèrent contre le drapeau de l'Empire, et ce n'était pas encore assez pour le vaincre... alors la défense fut héroïque ; elle égala toutes les victoires.

Après ce conflit belligérant, Charles de Chabrillan, comme un soldat qui a quitté sa faction avec honneur, et qui la reprend avec honneur, vint retrouver son poste à Vincennes.

Une autre guerre se prépare ; la France est déchirée, les pierres de taille s'élèvent en forteresses autour de Paris, le pas des alliés se fait entendre ; il faut un bras sûr pour commander les fortifications de la capitale : Charles de Chabrillan reçoit le commandement d'armer la rive gauche de la Seine. L'histoire contemporaine a dit tout ce qu'il valut.

Les révolutions s'abattirent, les Bourbons revinrent sauvegarder la France. Le 20 avril 1815, Charles de Chabrillan fut nommé capitaine-commandant de la première compagnie du régiment d'artillerie à pied de la garde royale.

En 1823, il entra en Espagne, et fit comme chef de bataillon, la campagne de cette année. Là, comme dans les rangs de la grande armée, il para ses vieux chevrons de bataille de nouveaux fleurons ; et le 23 février 1828, il entra au 4e régiment d'artillerie avec le grade de lieutenant-colonel. Son arme avait semé sur tous les sols l'honneur de son nom... l'expérience de Charles de Chabrillan fut invoquée, et le 26 mai 1832, il fut appelé au commandement de l'école d'artillerie de Toulouse. Il avait atteint l'âge du repos ; néanmoins, ses services étaient conviés, et ce ne fut que le 28 juin 1842, comme directeur de l'école d'artillerie de Montpellier, qu'il prit sa retraite.

Quand les armes usées par le courage font halte près du foyer, elles ont un langage ; alors une vie bien remplie vient s'inscrire au blason des familles ; elle apporte des récits de prouesses qui sont recueillis. Les vieux exploits font naître les jeunes valeurs, c'est le fruit qui commande à la fleur.

Cet officier vit bouillonner ses épaulettes sur tous les champs de bataille ; il s'arrêta quand les trophées firent défaut à nos armes. Il fut nommé chevalier de l'ordre royal et militaire de Saint-Louis en 1822, et officier de l'ordre royal de la Légion-d'Honneur le 22 mai 1825. Il mourut à Paris, le 4 août 1845, sans laisser de postérité.

Charles de Moreton de Chabrillan fut valeureux et humain, savant et modeste. Sur sa tombe et en présence du détachement qui accompagnait son cercueil, ces mots d'un dernier salut d'honneur furent l'expression des regrets, et le tribut justement payé à la mémoire d'un combattant de la grande armée.

« Soldats ! les feux de peloton qui ont fait vibrer
» le nom français sur toutes les rives, vont reten-
» tir !... et cette fumée va s'épandre sur la dépouille
» d'un brave, de Charles de Chabrillan, un des
» vôtres. Son épée a brillé au soleil d'Austerlitz,
» de Wagram et d'Eylau ! APPRÊTEZ... ARMES...

» Soldats ! au souvenir d'une renommée qui a
» tenu en échec l'ennemi... EN JOUE...

« Soldats ! que le salut de la tombe soit sur ce
» tertre funèbre, sur cet humble carré de terre,
» un dernier salut de gloire à la gloire... FEU !.. »

Ainsi, le bruit des camps, le bruit du monde s'éteint... il n'y a que les vertus modestes du foyer et des armes, qui vibrent dans le calice de l'âme, que réchauffe un autre soleil.

LE CHEVALIER
DE MORETON DE CHABRILLAN

(JULES-ÉDOUARD),

Lieutenant de Cuirassier, Chevalier de l'Ordre de Malte et de la Légion-d'Honneur.

La mort du champ de bataille, en France, n'inspire point la terreur. Telles furent l'action, la vie et la dernière palme militaire d'Edouard de Moreton Chabrillan. Il naquit au château du Mein (Ardèche) le 24 avril 1784; il était le troisième fils du baron de Moreton de Chabrillan, maréchal-de-camp retraité. Il fut reçu chevalier de Malte de minorité le 4 septembre 1785.

Edouard de Chabrillan, d'une stature athlétique, d'un caractère heureux, d'une cordialité toute chevaleresque et toute française, était né militaire. La tradition des passe-d'armes des siens faisait battre son cœur, et quand il retrouva le 10e de cuirassiers (1), il se crut en famille : les cadres de ce

(1) Ci-devant Royal-Cravate.

régiment avaient été formés de l'ancien régiment de Chabrillan ; il sentait sous son drapeau la patrie, quand il n'y avait plus de patrie pour les siens, qui tous étaient proscrits. Il chercha dans la gloire un abri ; il le trouva, et le 6 fructidor, an XII (24 août 1804), il revêtit la cuirasse et s'enrôla comme simple volontaire. Là, il vit des vieux chevronnés qui lui rendirent le salut des armes. Il prit, à Paris, sa feuille de route pour Haguenau ; cette ville était le poste avancé de nos escadrons, dans la troisième coalition européenne qui allait s'ouvrir par la campagne d'Allemagne.

Chaque champ de bataille lui valut un galon. A Austerlitz, sur le front du régiment, il entendit Napoléon s'écrier : « Cuirassiers, voici la bataille » que vous avez depuis si longtemps désirée. » Les cuirassiers, à cet appel, chargèrent sur les carrés ennemis, les entamèrent, et répondirent, par leur ardeur, à l'apostrophe d'honneur que l'Empereur leur avait adressée.

En 1806, la journée d'Iéna ne fut, pour les cuirassiers, qu'un écho de la bataille d'Austerlitz. Seize cents Prussiens mirent bas les armes, et devant cette charge, Edouard de Chabrillan reçut sa nomination d'adjudant, en récompense de ce fait d'armes.

Bientôt, le 10e cuirassiers fut réuni à la division d'Hautpoult; ce régiment inaugura son arrivée par le combat mémorable de Hof, et par sa participation à la bataille d'Eylau, où nous restâmes maîtres du terrain glacé que le feu de l'artillerie fit fendre. C'est là qu'Edouard de Chabrillan chargea cette infanterie Russe « qui ne reculait que de sa chute; » c'est là où il fut blessé à la jambe droite; c'est là où, en le portant à l'ambulance, un biscaïen perdu vint s'amortir sur sa cuirasse ; il respecta une vie de guerre qui était réservée pour prendre une revanche de prouesses.

Edouard de Chabrillan n'attendit pas que ses cicatrices fussent fermées pour retourner au combat; il regagna son régiment, il y fut fêté par tout le corps, il y fut fêté par l'Empereur, qui lui adressa du camp de Finckenstein, le 14 avril 1807, le brevet de la Légion-d'Honneur.

Un mois s'était à peine écoulé; chaque jour avait amené un engagement et un trophée de plus. Le 23 mai, il fut promu au grade de sous-lieutenant.

En suivant la marche de cet officier, on assiste à tous les grands combats de l'Empire; il fut présent à tous; partout il eut part à l'héritage de la grande armée; il arriva à la bataille de Friedland encore tout couvert de la poussière que les cuirassiers avaient fait mordre à l'ennemi; c'est dans cette bataille que les charges du 10e de cuirassiers furent mises à l'ordre du jour, dans ces bulletins de conquêtes qui ont fait le tour du monde.

Puis, le 22 avril 1809, ce régiment vint assister à Eckmülh, à cette grande déroute de l'ennemi; elle décida la défaite par ses attaques, et elle laissa sur ses derrières un si grand nombre de prisonniers qu'on fut forcé d'élargir les citadelles.

La journée s'était fermée sur un combat d'honneur. Le lendemain, elle s'ouvrit sur un combat de prouesses qui fit oublier tout le passé des combats: la prise de Ratisbonne fut le programme de la prise de Vienne. La clé des capitales était appendue à notre drapeau, et partout la grenade française faisait pâlir la pourpre des rois.

Le 16 mai 1809, Napoléon envoya à Edouard de Chabrillan son brevet de lieutenant; il le reçut sur le champ de bataille. Essling et Wagram ajoutèrent à ce titre de nouvelles blessures sur ses états de service.

Les cuirassiers du 10e régiment n'avaient pas laissé un camp, une redoute, sur le sol de l'Autriche, qui n'eût été franchi; il en fut de même en Moravie: Znaim était menacée par les cosaques du Don; les cuirassiers entamèrent cette masse, elle s'éparpilla avec le vent du désert.

Des préparatifs de paix étaient engagés, on devait rendre les prisonniers français; les cuirassiers n'attendirent pas que le seing des Empereurs fût apposé sur les traités pour délivrer leurs frères d'armes; ils chargèrent les colonnes ennemies, et allèrent chercher les captifs; trois généraux, dans cette action, durent leur liberté aux soldats de France.

La campagne était close; la Russie était toujours sous les armes; ce n'était qu'une trêve pour prendre force et vie.

Nos escadrons étaient en face de ces hommes trempés aux frimats, dont le fanatisme de gloire invoquait le bras de St-Georges, pour frapper avec eux sur les cuirasses qu'ils n'avaient pu entamer. Le 7 septembre 1812, soixante pièces de canons couvraient la ligne de bataille de la Moskowa. Les cuirassiers se trouvaient alors dans la division du général Monbrun. Murat, ce foudre de guerre, avait passé devant le front de l'ennemi; il avait nombré les prisonniers à faire, les cuirassiers avaient chargé, et le dénombrement des prisonniers fut fait à la fin de la journée, ainsi que Murat en avait posé le chiffre. Après ce choc des chocs, les rangs s'étaient éclaircis; Kalonga était le point mesuré pour le bivouac d'attente: les Russes ceinturaient ce mamelon; il fallut se faire jour pour sortir de cette prison d'armures; un français par cent hommes devait combattre. Ce fut en bondissant contre cette muraille de lances, que la course de guerre d'Edouard de Chabrillan fut arrêtée; il tomba, le 4 octobre 1812, au combat de Winkowo, sur la route de Kalonga, et ne reparut plus.

Le clairon sonne..... son nom est redit sous la tente..... le silence révèle une perte, les poitrines laissent échapper des soupirs; bientôt les cuirassiers sont impressionnés de la lacune qu'ils voient dans leurs rangs. Edouard de Chabrillan était aimé; le drapeau prit un crêpe, les cuirassiers refusèrent de mettre leur sabre au fourreau, avant de retourner à la charge et de venger sa mort. Alors un guidon se détache pour aller en éclaireur, chercher parmi les morts, celui qui, chaque jour de combat, avait mené le soldat au triomphe... Le jour baissait, le champ de bataille est fouillé..... une cuirasse française était gisante..... c'était le lieutenant; il respirait encore assez pour dire : « Cuirassiers, ce n'est point là que je veux » mourir, mais à mon rang..... portez-moi de- » vant le régiment que je lui fasse mes adieux, » c'est la dernière fois... » Aussitôt, les sabres s'entrelacent, lui forment une litière, et celui qui avait vécu au sein du feu ennemi, vint expirer le lendemain, 5 octobre **1812**, sous le salut des armes, sous le drapeau de famille, sous le drapeau de la France!

Ainsi, devant l'histoire qui écoute, le nom de Chabrillan fit toujours écho pour s'unir à des siècles d'honneur.

LE CHEV. DELANDINE DE SAINT-ESPRIT.

PARIS. — IMPRIMERIE DE MADAME DE LACOMBE, RUE D'ENGHIEN, 14.

www.ingramcontent.com/pod-product-compliance
Lightning Source LLC
LaVergne TN
LVHW010256230826
846091LV00007B/2992